中期的作品 創作的時間：一九六六—一九八一

雲飛處

潘皓・著

雲飛處 目錄

中期的作品

.2.

■卷之二

■卷之三

■卷之四

■附錄

序

周伯乃

在科技和資訊交織成的網路中，人類逐漸墜入這網中而受到物質文明所壟斷，精神支柱便日漸朽損。所謂詩的浪漫與人性的純真，猶如黃河裡的沉沙，雖然尚存著璨光，亦不能閃射出水面，只能在滾滾的濁流中自我呈現。一向以教學與研究社會工作為志業的潘皓教授，最近，連續整理他早年詩作，編印出版。不久前，出版了《夢泊斜陽外》，那是他「少年十五二十時的不知愁」時期。如今，又要推出他從一九六六年到一九八一年間的作品，共分四卷八十首。從時間上看，長達十五年，在這冗長的歲月裡，自然有許多可感、可抒寫的人事物。我常常想：詩是個人生活經驗的再現，是心靈活動的聚焦。他永遠馱負著詩人本身的歷史背景，和與他共生共存的時代脈動。

潘皓的作品，普遍含有浪漫主義與自然主義的色彩，他入微地環視著自己身旁的事務，忠實於自我的感受，然後用古典與現代的抒情語言，呈現其內心的淡淡哀愁，這是他一貫堅持的文體特質，以此來滿足其美的表現。如第一首「雪花」，他不僅寫在台灣看見的雪花，卻也想起離別多年的故國的雪花，因為歸期無期，乃幻夢這島上的雪花能隨風而去，飄過海峽，「越過長安驛站，飄落到故鄉庭院裡。」這是極其浪漫的遐思，只有詩人、藝術家，才會有這份情懷。但歲月是無情的，過了今夜，就沒有昨日的黃昏。當詩人幻想著故國的雪花也會隨風飄來時，頭髮已經稀疏了。潘皓將這個形象描繪得非常鮮活感人，他雖沒有說明頭髮白了，只用雪花飄落在稀疏的髮叢間，來襯托出歲月無情。這個簡潔而單純的隱喻，深深地展示出詩人的表現力之強度，和掌握語言的高度實力。通常，詩人都用雪花比喻白髮，而他卻用雪花飄落在疏稀的髮叢間，來暗示頭髮白了的真實情景。被稱為法國詩聖的保羅．梵

.3.

樂希（*Paul Valery1871-1945*），在其「論詩」一文中曾說：「詩人的職責，應當苦心焦慮，耗盡心血，去營造一種最特殊的語言，表現出詩的效果。」詩在我們的心目中，是最有內涵力的語言，它含有繁複的多層意義，具有外延力的文體特質。譬如潘皓所寫的「哲與禪的了悟與迷思」一詩，就充分展示其詩的內涵力：

明之以見性　方可覺之以存在
這與信不信宗教
信不信神明全然無關
空靈事務即是以永恆與無限
去看待人與佛
互動的因緣之契合

詩人以明朗的意象，淺顯的語言，表現了深邃的禪境和一種哲思，道出人與佛之間的互動因緣。接著他說明了他所期望的國土，是自由的，沒有恐懼的，可以高高地抬起頭去看天空。在這物欲橫流，人性被扭曲的殘暴的現實社會，我們又是多麼的渴望今天的社會多產生詩人，少生產政客，讓「宗教的謙卑與忘我的懷抱」，成為一盞愛的明燈，照耀寰宇，促使人類生活在沒有恐懼的世界裡。

這一代較年長的詩人，大都經歷過戰爭流亡的苦難歲月，在內心深處，難免潛伏著一種生不逢時的無奈，因而消極地逃避現實。如第一次世界大戰結束後，在歐美許多作品中都出現「酒與女人」的頹廢思想，追求肉欲的滿足。詩人潘皓寫「台北圓環夜市」：

沒有動與靜兩極分野
也沒有晝與夜的輪替畫面
只有滿堂醉語
和一座通向黎明的
拱形虹橋

這首詩完成於一九六七年五月，正是台灣社會轉形期，經濟與政治，都有顯著突破。詩人以其實驗性的態度，批判這個自覺性較少的年代，他客觀地分析台灣人的悲情世界，用「拱形虹橋」象徵台灣人的遠景，既美麗又可能隨時幻滅。這種不尋常的心境與慾望，是常人所難以理解的，但詩人已發掘了潛藏在許多人內心的悲情意識。

作為一個現代詩人，儘可能將自己作品寫成愈豐繁愈完滿為終極目標，以展示其寫詩的才具，使作品達到創作的巔峰。因而，他不能不隨時洞察社會脈搏的跳動。潘皓是一位從事社會工作的學人，他悉心注視自己所生活的環境，以其所見、所感的種種現象，注入自己的心靈，再將這種種複雜的事務，經過理性的分析呈現出來，成為一首反映人生、批判時代的詩。班固在《漢書藝文志》中說：「自孝武立樂府而采歌謠，於是有代趙之謳，秦楚之風，皆感於哀樂，緣事而發，亦可以觀風俗，知薄厚云。」

就這一論點來看潘皓的詩，是極容易抓住其詩間的主題，如「棲蘭山景」、「福隆的七月」，以及「都市的墮落」、⋯⋯等等，都是來自詩人從現實生活的體認，觀察所獲得的創作基礎。德國詩人歌德説：「世界是那樣廣闊豐富，生活是那樣豐富多采。……現實生活必須既提供詩的機緣，又提供詩人的材料。一個特殊具體的情境通過詩人的處理，就變成帶有普遍性和詩意的東西。」譬如潘皓的「死亡遊戲飆車族」，就是一個特殊的社會情境，通過詩人理性的處理，成為一首血淋淋的社會詩。再如「台北的天空」：

台北的天空
總是瀰漫著如霧的迷濛
如霧的淹沒了
每一扇凝眸的窗口

這是很具體的呈現出台北天空的污濁，長年像被濃霧籠罩著，連「浴血的太陽」，都「昇起了一張蒼白的臉。」詩人運用分析性的直喻嘲弄了這個社會，就是一般 人認為美麗寶島上的淡水河，亦「溢出腐臭味，竟夜擁抱著痛苦噓唏！」將這「島之國塗成了一個模糊的世界，在濁浪排空的橫流裡，掙扎、飄搖……」

詩，貴在含蓄的批判與嘲諷。再看他的「都市的墮落」：

浪漫的荒誕
常使撩亂的凝眸迷失
儘管我還清醒著
有一天當壓力被煮到沸點
那份激情便會
從燃燒中猛然爆裂

這首詩和「台北的天空」是具有相同的題材，表現手法亦相似，但作者所營造的意象不同，而反諷的效果亦迥然相異。前一首寫台北天空的污濁，他用阿里山的陰霾和中央山脈上雲霞，作反邏輯的程序敘說。這首「都市的墮落」，是寫現代社會裡普遍存在的現象，是具象的表現，直接了當的批判了現代人受物質文明壟斷下的處境，隨時都有被壓力煮到沸點「從燃燒中猛然爆裂」的情況發生。

讀他這首詩，讓我聯想到卡夫卡的「城堡」卡繆的「瘟疫」。都是刻劃人類與城市之間的故事，城外的人拚命擠進去，城裡的人拚命要衝出來。因為，城外的人，不知道城裡的骯髒、醜陋、貪婪、卑鄙；城裡的人已體驗到這些惡行惡狀，所以，終日只是想尋找出口奔出去。事實上，潘皓這首詩，也道出了現代城市裡的居住者的心聲，等於代表這一簇的發言，對城市加諸於人類的壓力的抗議。

綜觀潘皓所有的詩，都是對現實社會有深入的洞察與反省，很少有即興的抒情，雖然，他的詩都是抒情的居多。甚至一首小詩，都有其單純的真理。如《宇宙的景點》中的「朝陽」：

酷似一朵植
根於海上的血蓮
亙古以來
總是自睡夢中
自宇宙的東方一個外緣的位置

雲層的二樓陽台
那迷濛之迷濛的背後
昇起

日出日沒，原是極平常的自然現象，而詩人以一朵血蓮自海平線上昇起，便產生了鮮麗的形象，給讀者一種嶄新的感覺層次，也達到了意象和意象混合的表現。

晨曦中的雲層原本有幾分神秘，詩人特別用「迷濛之迷濛」加重霧體的神秘之美，且具有音樂性的節奏感，讓讀者讀了之後，產生一種新的經驗，這就是詩的效果。任何一首成功的詩，無論長短，都不能流於機械化的節奏，也不能有模糊而不鮮明的意象。否則，就很難被稱為好詩。

潘皓敘述「雲」的題材很多，而表現得最成功、最具有詩趣的，是這本詩集的主題詩「雲飛處」：

海上那浪捲的雲
像是我撕裂尚未寫完的

散落詩稿
隨風漂浮若夢
覆蓋了萬傾黃金谷
卻留下
我一肩鄉愁

把鄉愁寄予浮雲、流水，似乎是古今中外的遊子們用得最多的寄情物。李後主辭廟北上後，有「何處相思苦，紗窗醉夢中」的悲涼；而潘皓渡海來到這島上，亦有「如斯飄泊，絕非風捲的偶然，斜陽外常有劃孤的彩虹羽化為朵朵微笑。」這朵朵微笑，實際上是串串淚珠的反諷。他慣用古詩詞裡的改裝句法，顯得格外有一種傳統與現代融洽的完美境界。像這種獨特的審美意識，也是他絕大部份詩中的特點，對傳統詩詞傳達情意藝術的另一種表現，更讓讀者感受到一種古典的迴響之美。

二〇〇〇年五月四日於台北

自序

潘皓

1 詩，是文化和藝術的主流，所以說它是一種存在。所以，我也常常在詩底歷史的長河裡，透過藍空的雲濤，碧海的波瀾，或晨曦與夕照交互關係的輝映，看人類社會與自然界的形形色色，從事詩研究、詩創作、詩評論。儘管這只是屬於另類《烏托邦》（*Utopian*）的理想主義者的思維投影。

2 中國新詩的發展，一九一九年的《五四運動》，是一個標示著新思維的里程碑的起點。惜我遲來了一步，未能趕上此一風雲際會，不無遺憾。

沒想到三十年後，復因生不逢辰，戰火已自莽莽神州，捲起了一片滾滾煙塵。那時，我還是一個不知愁的慘綠少年，遽而被迫離開故土，幻為飄浮於茫茫蒼宇的一片雲，向西或向東，終於飛渡重洋，漂泊到這島上。於是我曾以《過客》，寫了這樣的一首詩，其中的第一段：

來到這島上我像是
一片飄浮的雲
泊半山松徑感千古之蒼涼
且於蕭蕭風雨中
不知明日又將飄向何處
當空谷泉流響敲擊我無告生命
頓覺豪情
似隨煙波一俱去

這時，西太平洋上的風雨正飄搖，可是在臺灣的詩壇中，竟出許多不同形體的框框組合，而且紛爭不絕。這種情形，至今依然猶在，更使我有些不解的感慨。

但值得自慰與自勉的是，從中學時代起，詩，便成了我的最愛，尤其是對於《現代詩》，更有著一種幾乎近於狂熱的癡迷。雖然，明知自己無此天賦的條件，卻依然堅持這份執著；甚至為了追求此一崇高的文學價值理想，不惜耗費太多大好時光，作全生命的投入而不悔。

3

至《夢泊斜陽外》出版後，這雖非我第一本詩選，但它卻為我早期的詩創作，劃下了一個只能說是有所交代的一個段落的句點。

因為詩，在人類的社會裡，是一種不可或缺的精緻文化的主流。所以我在這本自選集的自序中，特別強調：「詩非僅是一種存在，而且是一種藝術，和一種永恒莊嚴的美。」如果說，一個社會失去了詩，無疑的，就像沒有陽光照耀的海一樣，終年會被覆蓋在一片陰霾裡。

本集《雲飛處》這個命名，雖只是其中一首詩的主題，但意指我的漂泊生涯，仍未告一段落。就像我在一九八一年的九月，所寫的《儘管這裡也是中國》這首詩。一開始就毫不隱避的如是的說著：

只因缺少一把
植根泥土
故一直患有一種
無法癒合的疏離症　不時煎熬在
我心靈的深處
儘管這裡也是中國
走過近半個世紀
風雨歲月
我依然是飄浮於茫茫蒼宇一片雲
只因缺少一把
植根泥土　而在天之涯
徘徊
踟躕

因此，我在《雲飛處》這首詩中，更進一步指出：「當窗外的風景／從凝眸中驀然消逝／山披起煙嵐／茫茫如雪擁荒原萬徑人蹤滅的／一種可怕的孤寂。」接著：「那朵雲／乘風而去；那朵雲好想擁有整個藍天；那朵雲／顯得有些慵懶；那朵雲／正停留在江岸準備飛渡。」之後，我便把凝眸自窗外收回來，若有所悟，不經意的下了一個結語：

就此跨越
萬丈斷崖孤絕吧
而浪的島嶼
早已成為拍岸濤聲中的泡影
待從頭
煽亮夕陽紅
讓滿山楓火化作
春泥夢土

於是，我駕著思緒，悠悠地航行於藍空，把天邊那朵朵白雲，看成夕照中的點點歸舟。可是前面那含笑的青山，並非停泊的港口。鄉關何處是？不盡唏噓！

4

詩歌，本來就是一種抒情的產物，但其奧祕，最重要的必須有濃郁的意味和情境，方能予人以美感或共鳴。像鄭愁予在其《野店》中所寫的那句：「黃昏裡掛起一盞燈」，是多麼有智慧的描述。

其次，我要舉的例子，就是我在《飄搖的故事》一詩中，最後一段就這樣的寫著：

最難釋懷的一次相約
（也是最後一次）
是在長江灘頭揮別暴風雨的那一瞬
一個何等的
殘酷割裂之創痛

如今仍在心海中顫動著
仍在—
天際飄搖……

而海德格（*Heidegger*）也曾說過：「凡是偉大的詩作，其特性就在於他的思維的領域中顫動。」這更是一個詩人在其創作時，瞬間的感受所捕捉到的動態畫面。

但，我寫的詩，多半是紀錄漂泊的歷程，是人生苦難的重現；同時也是在訴說戰爭帶給我們這一代人悲歡離合的縮影。

5

當我把本集被選錄的詩，從我詩創作的檔案裡抽出來，加以整理成冊，輕鬆之餘，卻也有著無限的感觸。因為，這些詩，大半都是在我清醒著自戰火中，彈片滴落如星雨的心跳地帶走出來之後，冒著風雨所寫，所以，這些詩也就成為我生活記錄的一部份。

在此，需要加以說明者，就是——

這個集子所選錄的詩，都是我「中期的作品」。自一九六六年起，至一九八一年止，計十六年，每年選出五首，每四年彙集為一卷，共四卷八十首。

至於在編輯方面，仍依照我以前所出版的各個詩集之慣例。並未將這些詩作任何分類的規劃，而是採以創作時間的先後之編年法為序排列。所以在每一首詩后，都載明創作的時間與地點，或許能讓讀者藉此了解一首詩構成的背景。

6

最後，復承詩人兼文藝評論家周伯乃先生，詩人藝術家大蒙（王英生）先生，以及名畫家應公度先生，繼續為我系列詩選寫序、或封面設計，與速寫像，在此一併再度致以深切的謝意！

二○○○年五月四日於台北哲思工作室

雲飛處

中期的作品　卷之一

創作的時間　一九六六——一九六九

雪花

這時在大陸該是
千山皆白頭
一片茫然而閃亮的世界
就這樣我
已數了二十年
不知還要數多久才能
數到了歸程
當白令海峽的風
帶著雪花兼程飄向易水
越過長安驛站
飄落到故鄉庭院裡
我有了些冷
期盼這六角形的

結晶體再覆蓋幾層在祖國
疆野之後
它能鼓起翅膀
飛渡重洋飄落這島上
棲憩在我那
疏稀了的髮叢間
我將聽到
塔樓的號角聲
激盪一排返航向陽
的帆影

一九六六、一、五　寫于台北

哲與禪的了悟與迷思

當我站在日月潭畔
仰望著那莊嚴肅穆的玄奘古剎
頓覺不滅的靈光
驀然自凝眸中飄過來
且未曾遲疑立刻就感悟到
只要心存忘我
此絕非全然的虛無
實則乃心靈活動的一種本體
一種朦朧的
象徵意義之投影
那高不可攀遙不可及的神聖
是盞指引通向永恒與無限的燈火

正隱然懸於天階
而我只能察之以蒼冥
明之以見性　方可覺之以存在
這與信不信宗教
信不信神明全然無關
空靈事務即是以永恒與無限
去看待人與佛
互動的因緣之契合

雖然也有人以言說
作為神學運用傳播教義
此僅是限於講經
試圖與上帝直接通話
所以他強調這裡沒有恐懼
頭也可以自由而
高高地抬起來去看天空
絕不會讓狹窄的國度擠成碎片

紅塵外的涅槃
亦即是人生的歸舟

還有什麼放不下的呢
不管文學的宗教的或藝術的
無不是表達人類
與佛或神的互動之實體
如釋迦拈花　耶穌
被釘在十字架上呻吟祈禱
人生倘能以宗教的謙卑與忘我的懷抱
讓愛燃亮暗室那盞燈
自能在不自覺中超越自我
邁向永恆與無限

一九六六、三、一七　寫于台北

時間的河

青天白日下
時間的河在悠悠流著
悠悠地不知流過了多少興亡歷史
流過了——
多少滄海桑田

啊 你這自由的永恆之舟喲
正載著苦難中國越五千年之後的今日
之新希望
把西太平洋的落日
之新思維
從海峽昏黃的幽谷中撈起
拋向東方而

.25.

羽化為晨間熹微

然而　就在這時
這島上　正成長著一個年輕
浪子的夢
　夢著復國
　夢著還鄉

而且　已飄過海洋
孤懸於太虛　像一顆寂寞星淚
炯炯然獨自
閃爍於天際之外
相信他將會流成了一道
飛渡長虹

　豈不回頭的歲月
隨著滾滾長江東逝水

邁向另一時代
那個種夢的年輕浪子亦遠去
青天白日下
時間的河卻依然在
—流著自由
—流著永恆

一九六六、五、二九　寫于台北

飄搖的故事

江上的煙波
覆蓋著故園斜陽古道
微雨歸程
竟成淒白月色

記得那年春之杪
同去水湄看天邊雲霞
彩繪風景
於是就在那長堤上
不知踩下了妳我多少青春蹄痕
且以忘情之低徊
把彼此的心意注入於
墨藍裡

最難釋懷的一次相約
（也是最後一次）
是在長江灘頭揮別暴風雨那一瞬
一個何等的
殘酷割裂之創痛
如今仍在心海中顫動著
仍在—
天際飄搖……

一九六六、九、一五　寫于台北

一個駝背的老人

每天他總是
低著頭
總是帶有些濃重的心事
跌跌撞撞
從這巷子掠過
依稀中似提著一壺酒
踏一路殘陽如落葉的碎片
孤獨的只專注
凝神傾聽大地呼吸
抱怨秋之蛩音何其如斯
稀稀落落

怎能不教人唏噓呢
他每天總是踽踽留影於此
如弓之背深深的駝著
暮靄只能從他的脊樑上流動
有時他也側著
身子　望一望天空
非常吃力的寫下了他的
那種無奈

之後
只稍作遲疑
便拖著他的蹣跚步伐
朝向淡水河畔
臨時搭建的小木屋
默默歸去

一九六六、一〇、六　　寫于台北

寫生畫

這夢境終於來臨
終於在一個以拱橋為地標的
台北大湖之濱
驟然被烘托了出來

那臨淵的綠蔭處
依稀有垂釣者五六人
或禪坐以養性　或潛心於神往
一時自玄悟中
融宇宙人生為一體

俄爾有鳥鳴春
成群兒童搖曳著紙鳶花蝴蝶

卻把水底天空
繪成一片彩色世界

於是這幅充滿
田園之美的寫生畫
就此完成

一九六七、三、一六　寫于台北

台北圓環夜市

當夜空的星族們
齊聚於天水街口喧鬧
圓環這不夜城
遂把螢火匯為燈海
（亮麗的在那兒閃爍著）
但它的磁場
並非那怪離的掠影
而是老祖宗傳下來的吃的藝術
在台北這
現代化都會裡
製作些臺灣最古老的

如《天婦羅》
或《鼎邊銼》獨門絕活
倒也不失為
本土的一大特色

可是卻也把這裡
原有情境咀嚼成一團錯亂
至少在感官上再也
沒有動與靜的兩極分野
再也沒有晝與夜的輪替畫面
只有滿堂醉語和
一座通向黎明的虹橋

一九六七、五、二六　寫于台北

一扇戀情窗口

昨夜失落於蓮塘的夢
仍在水湄閃爍著
天邊那顆披著雲紗的藍色星星
卻把她詮釋為
乃戀人傳遞眼神的
一扇窗口

儘管這首戀曲
還沒初稿
而浪漫情懷曾不知幾度已來到
這泥香花徑訪明天
每當微風撥開蓮瓣擁吻
她即在波尖飛舞

可是今宵這裡的風景
淡得幾已無顏色
花之長廊卻成了相思皺紋之層疊
恍若是蒙之以
烏布五尺如亂蓬的
朦朧之投影

一九六七、六、二八　寫于台北

江濤

秋雨盈窗　而你
自天河的缺口吟唱著而來
且以琮琤笑聲
寫出秋之江上詩句

倘能抓一把雲
灑向波尖
讓它流成一座跨世紀的長虹
那該是多麼
壯麗的時光隧道

就這樣的流吧
你這來自天河的浪子

大地的歌手
可知歷史學家們
都在看你如何把流變的滄桑
唱成民謠
把漂泊的浪花
羽化為海晏的風景

於是你從
喜馬拉雅山的峰頂
凌空彈跳而降
洶洶然破三峽之險東流入海
一條好長好長的
玉帶　懸於天際飄搖

一九六七、七、八　寫于台北

青草湖滄桑

蔓草寒煙依舊
卻不見那綠水碧波
萍族藻類
還有蹲在岸邊的老漁翁以及他
那一柱
擎天的釣竿

啊青草湖
你風城的名勝
如今只留下一些歷史殘片
在夕陽外猶
不時發出落漠的
喟嘆

當我站在
靈隱寺的佛殿前
察之以蒼冥
似聽到歲月的腳步聲
清晰的在
訴說人世滄桑

一九六七、一〇、六　寫于台北

復興橋畔路燈

許是星空流逝的火種
如今被移值成林
兩岸已綻放的蓓蕾有四十八顆
而相對微笑這
晶瑩的藍色發光體

自國父史蹟紀念館門外
劃弧以璀燦於蒼茫
橫跨指向遠方的西部縱貫鐵路
搖曳著蜃樓疊影
恍若一座懸於天際的
雨後彩虹

以如斯金碧輝煌
為何不閃爍於廣廈間
偏要冒著風雨
佇立在這冰冷橋畔
當莒光號的特快車長鳴而過
啊這時我才明白
它只為照亮復國王師
從這裡通過

一九六八、六、二　寫于台北

鄉關何處是

靜悄的夜
在異鄉的海濱流著
西風裡濤聲
已喊得有些嘶啞
於是我把凝眸擲向雲天
讓夢魂
獨愴然歸去

明月的大銀盤
正掛在基隆港外的
燈塔右側
圓圓的皎潔如洗
沒想到卻有幾顆溢軌星辰

灑下絲絲
晶瑩的鄉思雨

經過一陣沉寂
探索之後
忽發現海上景色
被那片瀰漫的迷濛覆蓋著
鄉關何處是
我默默地再度陷入
迷思?.....

一九六八、七、一九　寫于臺灣基隆

秋之午后的風情浮雕

晌午過后
藍空有雲的羊群
自那青青草原上向西移動
緩緩地
漫步以悠悠

西斜的陽光正挽著
林梢搖曳閃爍
綠蔭處的蟬聲猶在嘶嘶著
而那棵懸於
幽谷峭壁的垂楊
卻以風過情萬種的輕盈
把雨後那

成串明珠抖落
驀然一對鷺鷥
翻雲而來
竟嚇得蹲在荷錢上的青蛙們
向水底亂竄
啊好一幅動感的
潑墨

於是就在這雲之飄
蟬之嘶　柳絲之輕柔與鷺鷥之掠影
多樣交織與融會
每一種風情這超越一切的
語言與色彩
或不同形式的流變
還有那兑不了現的朦朧與模糊
使得雲海落日

被感染得有了些微醉
讓秋色
隨楓火燃燒

一九六八、九、二二　寫于台北

夜夢西湖

——是如斯靜了的動人的美

夜是如斯的靜
妳以一顆水晶夜明珠
煽情的冷豔
與三潭印月波光
引來一大堆汲水的星子
在此喧鬧

太不可思議了
妳把一幅盪漾的水彩
浸在蟬聲裡
只有懂得鑑賞的

才會被感染癡迷而不禁
為之傾倒

啊今夕是何夕
妳斜依欄杆含情默默
凝視樓外月
讓單身貴族格外
會感覺到有忍受不了的
一種孤獨

一九六八、一〇、二六　寫于台北

冬之背后

當一棵樹凋落了
所有的葉子
最好帶著空出來的手臂
縱身枝頭
組成搖滾樂隊

但要記住
在搖響呼啦啦的歌聲時
別忘了
叫醒南窗外
那枝首先點火的
紅梅

而且要
以高分貝音符
捲起波波
若羊群奔向草原的雲
自塞外飄向
易水灑漫天銀花
朵朵開　釀成一個渾然
之後
讓人間世
一些丟不掉的垃圾
埋葬在
冰封國度裡

一九六八、一二、八　寫于台北

阿里山日出

以瞬間的心跳
聚千百萬顆的凝眸
於同一焦點
儘管那霎時的永恆與奇幻
交錯之美的鏡頭
僅止於短短二十五秒

然而嚮往者總是
像潮水般的
自午夜摸黑拾階而上
默默地以屏息
等待那驚喜的一刻
之出現

當風來蕭蕭
雲與松濤竊竊私語
但聽一陣驚呼
啊啊　那盞大紅燈籠
終於應聲自
東方的海上昇起

一九六九、三、二0　寫于台北

真的什麼都不需要了嗎

失去了夢的人
常會把他的心事掛在嘴上
說什麼都無所謂
什麼都不需要不需要了

愛情不能代替麵包
理想和事業被丟進人生的灰燼裡
而創造不朽乃
聖哲之事我未曾想過

可是當一個人真的
失去了夢　真的什麼都無所謂
真的什麼都不需要了

他還會把心事掛在嘴上嗎

如果當他聽見沙場擂響戰鼓
如果當他看到轟炸機群向敵人陣地俯衝
如果當他憶及革命先烈英勇壯舉
如果當他凝視自由女神高舉勝利火炬

這時　他依然不為所動
依然不為所感依然不為所思
他真的失去了夢真的
什麼都無所謂真的什麼都不需要了

一九六九、五、八　寫于台北

蟬之嘶嘶

以嘶嘶為圖騰的
夏日的華表
像閃爍的樹的葉子
整日吟唱枝頭而且以高分貝
協奏曲的旋律
呼喚林花謝了的春紅
繼續向後延伸著

牠唱綠了萬木的蔥翠
輝映著那一株株
出污泥而不染的蓓蕾　就此
讓凌波的仙子
寫下一年最耀眼的

一個時代
在大都會的林蔭間
有著如斯溪流
使緊張與忙碌的人們能領悟到
一種生命的美好
尤其是當你漫步在這
嘶嘶的蟬聲裡

一九六九、六、九　寫于台北

她那迷樣的頭髮

祇因偶然的相遇
最先以閃爍的光束闖入我眼瞼的
就是她那一頭
滾動如波涓絲瀑布
頓時竟淹沒了場邊所有
亮麗的風采

那流動著的朦朧
像夢的迷離
飄忽於花團錦簇的叢林間
且在編織一張網
等待捕捉一隻落單的
蝴蝶飛入

頂在頭上的那朵雲
乃雷陣雨原素
滿園春色將因她心境改變其容顏
相約時千萬當心
她那捉摸不定的喜怒
之一瞬

但也不要為此所拒
即放棄原先想要觸及的主題
如能以真摯相融於自然
以自然去取她那萬種風情於一勺
消除兩情相悅的虛線
自可幻為江上的一朵彩霞

一九六九、八、一二　寫于台北

一年的第五季

蔓草
荒煙

以霧的迷濛
模糊了天涯遊子還鄉路
秋之神則
帶著落葉流浪

而雲水間
偶爾
有搏浪翻天的沙鷗
羽化為
凌空的瀑布

斜陽外還有
那來自北國的候鳥族
看上去好
像是一群黑面
琵鷺

可此時
為煩惱這一年的第五季
望星垂莽野
摘不盡歸心萬朵
只好把它
視作螢火欣賞

然而
當一陣海風吹來
捲起千層浪

天邊那窩被落日染紅的雲
乃揮揮手
瞬即隱入蒼茫

一九六九、九、二五　寫于台北

雲飛處

中期的作品　卷之二

創作的時間　一九七〇—一九七三

書房飾物

就這樣淡淡
一塗抹
大片粉牆被區隔成各種
藝術造形板塊

最搶眼的
就是那幅蓮塘夢境
給人有一種
風過清涼的感覺

於是我把一隻
長頸鹿的檯燈壓得低低的
好讓它模仿

胡適大師的沉思

而此刻書架上
所有大部頭的名著
都想走下來
與我面對面對話

終於讓我擁有
這片像金色山谷的風景
寂寞與煩躁
全被排擠到窗外

一九七〇、三、二二　寫于台北

棲蘭山景

一幅搖曳於這島的
東北角的水彩
想必是海風打翻巉巖的一座
墨藍的染缸
淹沒了春江上的
那窩雲

啊棲蘭山　你這
大自然貴族
擁抱蘭陽溪的悠暢
多望溪的琮琤
以及田古爾溪的蜿蜒諸水
縱橫交錯

孕育出滿山坳
蔥翠欲滴的闊葉樹
蕩漾著
海國的風情

從棲蘭山北麓
攀緣而上
沿途被茂密的濃蔭
覆蓋著
路旁的繁花
為煙嵐剝開美的
迷思

於是乃匆匆
穿過灑著細碎陽光的
長廊步道
聽寒崖泉流響

但見雲霧中數百株千年
成林的神木
遺世獨立的隱者
正徜徉於一山蓊鬱與
萬壑齊鳴
渾然空靈世界

當轟然的落日
醉臥溪谷
而掛在林梢的那彎上弦月
卻已悠悠地
漂成了孤帆遠影
無涯岸
不繫的扁舟

後記：棲蘭山位於台灣東北角的邊陲，屬於台灣宜蘭縣轄境。海拔雖僅四百二十公呎，但其景色之佳，早已被稱之為人間的「世外桃源」；而且也是本島惟一未經人工雕琢的自然名勝之一。尤其它擁有數百株千年成林的神木群，更蔚為一種罕見的奇觀。自棲蘭山莊拾階而上，即進入如詩的夢境。寄情於其間，可忘塵慮、忘我、復忘憂。作者因嚮往已久，特於今夏冒著溽暑前往，一睹其渾然天成的風采。

一九七〇、六、一六　寫于棲蘭山莊

福隆的七月

燠悶如焚的七月
於是我卻又
來到這難以忘懷的水之鄉
白雲依舊縹緲
碧海藍天依舊如畫
當午后的金陽把它
渾身熱能爆破於福隆海域
成簇的弄潮人在
萬頭鑽動中潑灑沸點
海上的風以火樣翅膀揚帆天際
引來成群沙鷗
伴隨著起伏的浪花

上下飛舞

啊　這縹緲的雲
蒼茫的海　七月的情思
還有失落於
煙波的一串秘密
是否仍停滯在那朵已幻為
酡紅的漣漪裡

一九七〇、七、一〇　寫于福隆海濱

火紅的太陽

連自己也不知道
曾經創造了多少不朽
火紅的太陽啊
你大地之母的核心　一個永不
熄滅的
光明燃燒體

不管你叫星球
還是太陽
能讓黑暗甦醒就值得歌頌
因為你是唯一擁有
天體中所釋出的光與熱

當我站在高雄
西子灣海岸撥開雲霧
遠眺佛光山
神殿前那盞燈火
它雖不是太陽但比太陽
照得更為深遠
甚至照到人的心底

如果眾生皆願
燃燒自己
所發出來的光即令只有
一絲絲就夠了
不必像晨曦的鮮豔
或者五月榴花那麼的耀眼
最美的應是「江楓漁火」的恬靜
卻也能燃亮
寒山寺夜半鐘聲

燃燒吧　盡情的燃燒吧
在這冰冷的社會裡
那怕只剩下一根火柴　也是
最珍貴的呀

一九七〇、八、九　寫于台北

莫自我製造末日

生命的枯萎
是漸次抽離的過程
而末日乃同時
回歸於塵與土

污染是一隻
製造死亡的黑手
常不自覺的把蔚藍的天空
塗抹成
苦喪著的臉

可是太陽
受不了遍地垃圾的

腐臭味
則只好躲在
雲之後有勞雨神
灑掃
倘大氣臭氧層
遭氟氯碳化物破壞
紫外線立刻
會把地球村焚燃
使人類所建構的國度
歷史文化
均將被埋葬在
灰燼裡

一九七〇、九、一七　寫于台北

雲的戀情

那朵種夢於玉山
額角上的雲
總想將某些屬於明日的悵惘
埋葬在青青草原裡
於是乃
把它搏起的浪花
塗抹成一幅
曾在此築巢棲息過的
故園景色
當夕陽如醉
它卻一直守候在

一個湖畔
將凝眸懸掛於
天邊虹橋的扶手上
等待

等待擁抱
那抹瞬間即逝的金波
暗成一海深藍

一九七一、三、二二 寫于台北

最後的一瞬

白雲仍停滯在關山的鎖口
可我卻匆匆涉過了三十年風雨歲月
讓所有珍藏於行囊的夢
都已漸次的被滾滾煙塵扼殺

回首來時路　應有些
屬於明日的惆悵被揉綯的眼神
為什麼提前就把那顆星
摘下來踩在踉蹌的腳下踐踏

而此時　當我面對著
流逝的生命在淒白的月色下嘆息
心情卻像一座即將—

陷落的城市不斷向下沉沒……

於是我便緊緊地
緊緊地抓住這最後的一瞬
剝開千層冰冷迷霧
看紅塵外滿谷都是風景

一九七一、四、一七　寫于台北

仲夏夜的冷澀之美

噴水池泉聲
敲落滿地凋零相思雨
夜空的雲展出它
一長卷一長卷飄浮的沒骨潑墨
淒白月色如水
卻予人以冷澀之美

窗外椰子樹長影
挺拔若椽筆
航行天際的上弦月猶如一葉扁舟
打從湖上吹來的風
澀澀地且帶有幾分涼意
定是葡萄園訪客

當我　穿過那
青青河邊　穿過那
灑著絲絲星火的柳岸濃蔭
聽蟬聲漸歇
忽覺萬籟盡歸於
闌珊處

雖然今夜所採擷的
並非繽紛之屬
然而　她卻帶給我一種恬靜的滿足
但此刻　我擔心天邊
那顆藍色的星星會掉下來
連同夢一起摔碎

一九七一、五、一六　寫于台北

在我飛翔的最初

秋天的風
到處剪枝頭霜葉
異鄉的雨夜來時飄搖
淅瀝而
深沉的落著
落著……

今夜我以孤寂
咀嚼往事
可是窗外那飄搖著的風雨
卻為我醞釀
另一憂鬱如潮汐
之澎湃

曾記得
在我飛翔的最初
因抗日戰爭
被迫攜一曩憤怒離家
且把生命
擔在肩上流浪

如今這灰濛濛的夜
仍在窗外流著
然而 卻流不盡國恨家仇
孤燈下的夢
全都被這蕭蕭的
風雨打濕

一九七一、九、二八 寫于台北

一個藝術家的情結

一汪翠綠
兩三枝血染的芙蓉
便把這三月天
塗抹成一幅彩色世界

而藍空下的山谷
飄起一朵雲
他說：如任由這荒野的風
吹皺一池春水
小樓將會幻為煙雨

於是他
則望一望遠方

若有所思
輕輕把兩隻紫燕
剪貼於柳梢將數點蛙鼓
播種於蓮塘
然而他就是不讓
那對顛狂粉蝶聯翩在
花間飛舞

一九七一、一0、二七　寫于台北

簡體字

想必是為了
讓歷史完成一次文化革命
才進行這千古
從未解剖過的手術

但不知
為什麼把老祖宗
傳下的這筆
珍貴遺產（一個無可取代的）
共同語言符號
拿來作如是切割呢
彼岸既已將形體

切成了碎片
而此岸則又漠視其在民族文化中
應有地位
看來這項傳真
恐將在電腦的鍵盤上
被敲得稀爛

一九七二、四、九　寫于台北

可怕的夜宴

坐在這裡
自覺是一座山
或一位
玩世的哲人
當席間起伏叢林的手臂
把那淙淙流泉
傾倒於深淵燃燒時
頓使我憶起
波斯詩人赫菲茲
對此曾有如是描述著
「夜闌宴散
酒店裡的第二道門開了
不管矮小或強而有力的都必須

低下了頭
通過生之窄廊
去向那來自門外的
魅影擁抱」
未免太可怕了吧

一九七二、五、二六　寫于台北

平等的另一種詮釋

死之定律
是造物者之神的自然法
不管你是誰
都不能享有例外

你和我或他同屬
於哭的民族
自搖籃到墳墓全都是
在哭聲中完成

當你面對著
落日餘暉之滴血的愴然
褪色的夢

也將隨風而逝
那被獵入鏡頭的
走入歷史的
只不過是一些被包裝過的
個別化的範本而已

一九七二、六、九　寫于台北

也許並非如此

也許
你所看見的烏鴉
全都是黑的
可這種定律不能視為當然
就像一棵樹沒
有相同的葉子一樣

也許
田徑場上的跑者
早就認輸了
但報時的咕咕鐘卻依然在
它那圓周形的
領空為著明天打轉

也許
這是個貪婪社會
有誰能拒絕
那即令是一抹彩虹的誘惑
於是三月櫻花
便吐出繁華的墮落

也許
當錢淹沒了腳目
一年第五季
穿過西門町那骯髒的陰影
試問我們還有
什麼值得驕傲的呢

一九七二、一〇、二七　寫于台北

以視覺勾勒的詩句

在昨夜夢中的波心
有很多很多自銀河飛出的星星
拖著亮麗的尾巴相互追逐
把濺起浪花幻為一海若金礫的螢火
且以飄然的神韻
搖曳在青青的草原上

而今之晌午過后
窗外的風霞卻紛紛投下
如落葉流空的雁影
訴說秋之已老　讓天涯遊子
又不知頻添
多少濡濕的鄉愁

當晚來的煙雨
淹沒夕陽最後一滴血
案邊那盞低著頭
用微弱的光譜在想心思的檯燈
看上去似有些
患了貧血症的神態

之後　未曾經意
忽發現瓶花
隨時光流逝而枯萎
此刻我才明白
一種生命的凋謝就是這樣
漸次抽離的過程

一九七二、一二、一九　寫于台北

讀史札記

一部中國近代史
是以血與淚
灑在硝煙的疊影裡焚成悲憤
擠出了這深沉的痛

自鴉片戰爭
至日本無條件投降
在煎熬過漫漫
如長夜的次殖民地之悲慘的
歲月之後
沒想到卻又被
捆綁在極權政制的
架鎖上

窒息了自由
且把人性的尊嚴當作
糞土似的
踩在脚下踐踏
真的是太可怕太可
怕了吧

害得億萬中國人
只好痴痴地
僵立於時間的鐘擺之下
默默祈禱
等待著另一次
解放

一九七三、三、一三　寫于台北

當紫蘿蘭花開的時候

從一片綠色海洋裡
偶爾有緣相遇
看您自葉隙間爬上枝頭
翩翩如彩蝶飛舞

午后的風
總是圍繞您打轉
西斜的陽光
更驚羡您紅紫黃赤的嬌豔
瞇著眼睛
釋出愛的迷思

而色與香在

雕琢之後更顯示出
多樣的美
讓人有足夠的
時間在欣賞瞳孔的窗口
慢慢的咀嚼

經過一陣飄佛
幾句蟲鳴
夕照中突有露珠連續滴落
恍若是懸於
霧雨初起的風景

一九七三、四、一七　寫于台北

都市的墮落

浪漫的荒誕
常使撩亂的凝眸迷失
儘管我還清醒著
有一天當壓力被煮到沸點
那份激情便會
從燃燒中猛然爆裂

擁擠是一種現象
緊張與摩擦
乃現代都市的特產
人潮流成的河
全都被覆蓋在水泥的
叢林裡氾濫

安全島的畫廊上
雖植有婆娑起舞的碎葉樹
為之調和
然而　這只能
搖出春之氣息的偶然
貪婪卻依舊

而時間的腐臭味
已逐漸發酵
繁華的背後藏滿了病菌
住在這裡的人
終日只是為了尋找
出口奔忙

一九七三、六、九　寫于台北

掃去階前的喟嘆吧

把離愁埋在心底
抓一撮泥土裝入行囊
伴我漂泊
減少幾分孤獨

如今我雖越過海洋
欲尋求一片寧靜都感到奢侈
桃源何處是
上帝仍笑而不語

於是讓我從窗外
那塊草原上
以雲的浪花之陽春白雪

掃去階前的喟嘆吧

然後面對長天
敲響了鏗鏘如金屬的
高亢的音波
喚回失去的自我

這時從歷史的
眉批終於肯定一個事實
凡揮淚耕耘
最後必擁抱歡笑

一九七三、八、一七　寫于台北

澆熄那未了的情燄

——為友人的戀情出現虛線作解析

上帝為什麼如斯
捉弄你的愛
我只能以詩為之抱屈
以解析助之從楓火枝頭向西風
灑下了幾滴淚
澆熄你那未了情燄

當時　你雖以
詩人的純《真》揉和著
《善》與《美》的
誠摯贏得了她的芳心與相許
但這成串若

珍珠的愛情果實
卻被她那毒蛇的疑竇
暗自吞噬

所謂一見鍾情
只能構成一個彩虹故事
或東方夜譚的神話
所以在你譜出這首戀歌的最後一章
出現了虛線
無疑在你們之間
存在一段難以克服的
流動距離

於是她一如
破繭而出的美麗蝴蝶
從你那愛情的
寶庫中竊走你最珍貴的財富

趁著陰暗的午夜
偷偷播下移愛的種籽
撕毀她曾以
擁吻簽下的盟誓
就此撩起衣裙頭也不回
離你而去

如今曲終人散
收拾起你的戀歌吧
有一天當她
憶起與你相處的
那一千多個甜密的日子時
她會流下
懺悔的淚掩面
而泣……

一九七三、一二、九　寫于台北

雲飛處

中期的作品

卷之三

創作的時間

一九七四——一九七七

另類探索

遠離喧囂與緊張的焦慮
這　仰不見其極擁擠若峭壁的
大都會　是座孤島
何不走出峽谷　走向無限
獵取海闊天空的豁達
壓力自會從風鼓的斜坡滑落

迎面飄來的那朵雲
背後定有錯落層疊的峰巒
搖其聳動的彩筆
鏤刻出太虛無數隻關懷的凝眸
傾聽海上雷的蠢動
期盼爆出幾句警世之語

踩在腳下的石徑
是夢寫在林蔭間的詩句
霧幔後飄響的泉聲
乃幽谷中飛出的一枝射向東方的箭
拖一條若玉帶的
長尾巴　在天際飄流

山嵐正從湖上瀰漫
我總是在想著將怎樣拒絕
人間世的文明的齷齪
做一個以自我為中心的放浪者
住在深山　卻又能擁抱
虛無與忘懷塵慮的空靈世界
就這樣　我從黑白的山水
或繽紛的雲霞去追尋我心之所向

所思　所想　所觸及的
望眼能藉此跳出所有的框框
在星海閃爍的瞳孔裡
脫離某些虛構的神秘色彩

但有時　復因苦於無奈
不能讓心靈所需要的那些可望
而不可即的未來得到滿足
此並非只限於春雨後的蛙鼓嗝嗝聲
只限於空曠盡頭
浩瀚的海對晨曦呼喊

於是我瞥見三月的
櫻花用嫣紅在枝頭點火
把曳地綠色裙襬
打了很多很多翩翩起舞的蝴蝶結
難道說這就是

存在與不朽的驗證嗎

經過了尋尋覓覓
我終於發現我所要探索的符號
這洪荒之初的渾然
似隱若現的造物者之神
正在迷離的雲端
向人間凝神注視著呢

當我走入禪聲
走入那為雪所覆蓋著的
無限空間的座標上
忽聽一陣嬰啼　而眾鳥皆鳴
讓一些被遺忘的
英靈從此走出了陰暗

之後　山風拂動

傾倒了我一囊所有的抑鬱
我站在一棵蒼松下
滿足的凝視著遠方那介於雲水間的
茫茫蒼宇的朦朧
有顆亮麗的星子飛起

一九七四、二、二八　寫於台北

如斯月夜

灑著波紋的月光
以一種淒美從畫廊的轉角處
移來一簾花影
自潑墨中悠然入夢

那顆披著雲紗
閃爍著詭異眼神底
藍色星星
是想找忘川的水
洗滌她昨日所受的羞辱
於是從天際
沒有圍籬的花園
向下滑落……

而我愛在月夜漫步
更愛在那搖曳著絲絲如漏下煙火的
林間訪明天
伴我走向夢境的
有我的影子還有我不渝
的戀情

一九七四、三、一七　寫于台北

影子

新店溪畔
一棟佈置得有夠現代的
紐西蘭咖啡屋
老遠老遠即可嗅到
那種澀香味

她給人的感覺
彷彿有太多的浪漫
就是那小樓
盪漾在碧潭的泉流中
曾構成過
墨藍的朦朧美

夜　慢慢暗下來
淡淡的燈光
映照著她那寂寞的臉
影子從她的髮梢通過畫廊
拉長到窗之外
漫漫絲路不知能否
走回從前

一九七四、五、一八　寫于台北

中國椅子的藝術

中國的椅子
妙在它擁有背後那座山
所以被雕塑成
貴族階級的擺設品

怪也是一種藝術
那把一身傲骨　排行叫
老二的「大圈椅」
為何讓坐上去的人感覺冰冷

它給人的追憶
是中國歷代留下的款式之再版
但隨著製作精緻化

卻演為寓意人生的寫照

於是它以立體語言
從各種不同的場合裡展示魅力
而把文學家抒懷的走筆
揮灑成獨具一格的古典意象

如今在忙碌　緊張
及疏離的現代都市叢林中
一把可作仰臥的椅子
偶爾也能享有片刻寧靜的清幽

一九七四、八、三　寫于台北

歷史就是這樣寫出來的

墨水一定要
從筆的肚子裡流出來
塗在紙上
才可蔚為風景

一如熱血
必須為爭取民族生存的聖戰
渾灑在疆場
方能寫下了不朽

而太陽每天
總是紅著臉自東方點火
並非只為

了煮熟那窩雲

它只想把這裡
唱了四百年悲歌的淚水
焚燃成
歷史的灰燼

一九七四、一〇、六　寫于台北

讓詩燃亮一盞燈

彷彿被卡在
那裡如向日葵之再世
怎麼走也
只是原地打轉

這情形
勿須問日落幾株樹
夜色幾重深
那裡祇有隻死貓

而且已經
僵硬在被那設定的
框框裡

凍結為冰點

誰知一隻藍鳥
忽張開翅膀飛向迷惘夜空
去尋找
太陽那團火

就此把死亡的
昨日丟進歷史的灰燼吧
以春秋之筆
讓詩燃亮一盞燈

一九七五、二、九　寫于台北

宇宙的景點

朝陽

酷似一朵植
根於海上的血蓮
亙古以來
總是自睡夢中
自宇宙的東方一個外緣的位置
雲層的二樓陽台
那迷濛之迷濛的背後
昇起

新月

因為你有著
幾分渴意而對水

產生戀情
乃放舟於海上
穿過那未曾著過色的一大片
樸素若象牙白的
天宇　悠悠駛向另一
故鄉尋夢

孤星

當銀河圖騰
失去了繽紛光彩
你卻依然
在那裡流連著
而且孤獨的飄成一座晶瑩冰島
但千萬千萬莫讓
最後那滴淚　模糊了你
原有的容顏

一九七五、五、一六　寫于台北

基隆廟口的鄉土小吃

一汪貪婪的眼神
從萬頭鑽動的奔流裡跳躍
廟口這嘈雜的荒原
竟成了假日獵食的苑囿

叫賣是這兒特色
攤位排列在整條街的河床兩岸
到處皆曰「家鄉味」
保證讓你咀嚼出童年歲月

當你同家人品嚐了
「天婦羅」（油炸甜不辣）
以及「鼎邊趖」之後

即令新新人類也會説聲好棒
可不要只為了
你口腹之慾的一種滿足感
卻忘了這裡還有
奠濟宮諸神明的存在

一九七五、七、九　寫于台灣基隆

夢與寓言

多彩的迷離
這在人生的領域中
有著一種
不可抗拒的魅力
但表現於社會的行為上
則是依
理性而存在

人之所以為人
乃在於他能夠接受自然法則
以之而發為
可創造人類文明
唯一具有思考能力的

群居動物

而夢之為用
猶如一輪自東方昇起的旭日
只有藉著這團火
才能燃亮生命的光芒
儘管　這只是
過往雲煙的複製品

通常人總是
會把他的經驗注入於
潛在的內心世界
然後透過交感而使之轉化為
特殊的意象
於是便會反射出
一連串的希冀　甚至是
童年時代

已被流逝的夢

不必懷疑　事實上
你我的天空　無不是從夢境中
勾勒出來的
天邊那飛揚雲彩
即令摘不下來至少擁有
滿懷繽紛
在心志之所及
我常想以大鵬展翅的
羽翼之鋒刃
猛力劈開兩岸青山
讓豪情自萬丈深邃的峭壁下
誕生迴響

這從市街河流裡
可以看到那些熙往攘來

在追逐夢的人
猶如追逐自己的影子
有時我也曾置身其境而把
眼前的風景
視為一幅洗不去
也抹不掉的大地浮雕

如果說這只是
明日寓言
不知今之圓夢者　能否
為我作解答

一九七五、八、二　寫于台北

花蓮港剪影

九月　有來自
遠方的遐思　飄過
白了頭的蘆葦之茫茫莽野
從錯落的山廓到
大理石雕刻的藝術長廊
以及原始部落阿美族之山地歌舞
但我卻偏愛著
花蓮港外那悠悠的
長天秋水　夕照下的點點
歸舟……

我去時　帶著
台北市黎明的曙光

穿越沿途山間的雲和樹
那迷濛的霧
阻礙我貪婪凝眸
嘶嘶蟬聲
淹沒莽林鳥語
當車子馳出蘇澳市街
緩緩穿過峽谷之隙　跨峭壁而出層巒
不覺時已晌晚　落霞滿山城
啊啊　那出污泥而不朽的花蓮港
正張開兩臂
熱情的擁抱著海洋
我不禁有了些微醉而唱起
最最美的戀歌

而歸來　則以花蓮的
漫天煙雨　牽沉重鄉愁於滿懷
於是我聽見海嘯的大鼓

溪流笙歌以及松風的小喇叭
還有秋日山中短笛
雨　總是飄呀飄的飄著
可我心中思緒
似有著理還亂的惆悵
但見車外的群山迅速向後移動
車子則像在
銀色森林中奔馳

就此道聲再見　向
我下榻旅邸雲海軒揮別
向我問卜的長春祠不動天王揮別
循著太魯閣之風景線
清水灣懸崖　南方澳漁港
蘭陽平原
匆匆踏向歸途

之後我滿足的
大嚼花蓮特產之花蓮薯
凝視著雨後的青空
將那些白的雲紅的霞全都摘下
串成了詩頁珍藏

一九七五、九、二四　寫于台北

別以異樣眼神看我

有人如斯說
當你摘下天邊那朵彩霞
以超現實主義的
創作展出白牆紅瓦肯定自我存在
這有什麼
值得驕傲的呢
請別以異樣的眼神
看我

假若把這些
你所獲得的榮耀都還給
上帝 能夠帶走的
僅是一條遮羞的短褲 沒有例外

又有什麼
值得驕傲的呢
請別以異樣的眼神
看我

而走入歷史的
只是些相對的黑白範例
能夠留下來供後人
憑弔者　恐怕只有那一堆堆枯骨
還有什麼
值得驕傲的呢
請別以異樣的眼神
看我

一九七六、二、一八　寫于台北

如斯雨

今日午后有雨
淙淙潑灑
頃刻間便使花蓮港爆出漫天
銀色花蕊若
盛開的水晶芭蕾

這雨雖兇猛
而我卻踏波而行一任
其無情的鞭打
鞭打多年來未能吐出的抑鬱
迫使我向這
苦難的時代挑戰

雨繼續如注的
灑潑淙淙
我依稀看到那山坡石階上的
水傾瀉而下
一如瀑布之奔騰

如斯的雨
落在窗外那乾枯的稻田裡
莊稼人笑了
笑得如蛙鼓嗝嗝
從雨後藍空的草原上
趕著羊群回家

一九七六、三、二八　寫于台灣花蓮

夢幻湖畔

美景須捕捉
別再把眉頭深鎖
年華易逝　匆匆歲月莫蹉跎
願良宵共渡
您説到水之涯尋夢
美成天堂
臥看白雲朵朵

湖上有隱約漁火
銀河星子在鬧著閃爍
潺潺流水正彈奏綠島小夜曲
多情的風兒
不時打身邊掠過

當荷之蓮房散發出清香
您為我來
此唱南國之歌

這兒紫色的
藤籮花又在開放著
依依垂柳仍舊籠罩這小河
但今之夢幻湖畔
卻只留下了一片寂寞

一九七六、六、一八　寫于台北

拾穗

直上青雲　啊
一座挺拔如椽筆的奇峰
正為縹緲的太虛
勾勒出一幅蒼勁山水

秋來傷感
莫若異鄉蕭蕭夜雨
自簷前灑下
天涯遊子鄉思淚

別小看點滴無波
那來自峽谷之隙吟唱著潺潺
若風笛的溪流

它正是海洋的母體

當一個去國浪子
走過整條街在閃爍的霓虹燈彩
他便會想到將
怎樣帶點繽紛歸去

一九七六、八、一八　寫于台北

異國雲天外

赤色魔掌
煽起了漫天烽火
然而一個只
是不知愁的慘綠少年
被迫成了
天涯的雲之族

如果說自由
乃人生享有的磁場
而理想應是生命噴泉的源頭
於是我踏破荊棘
自死亡深谷匍匐爬起
用願景

向風雨挑戰

莫問客從何處來
淺黃的膚色標示著中原
漢唐驛馬
浪者早就幻為
這海上的孤帆遠影

可是我依然
看到那雲深不知處
有來自天上黃河之水的奇彩
長江三峽的險峻
以及故國石頭城外的
那「霜葉紅於二月花」的棲霞
楓火之美
正在異國雲間
流成一道飄浮的圖騰

如今　我站在
新加坡的瀚海之濱
望鄉關萬里
霧未起時卻茫茫

一九七六、九、一二　寫于新加坡

柳岸

像是濛濛煙雨
把流淌潺潺的小河
密密封鎖著
而且以絲絲綠色的彩帶舞
用來展示她風過
情萬種的纏綿之嫵媚

但有時
濃蔭處的蟬聲
惹人煩惱
可是她那片想揭開卻未被
揭開的垂幕
不知該有幾重深

及至晚風拂起
她卻又在一片渾然的疊影中
吟之以蕭蕭
掀起一波波彷彿
海的浩瀚
蔚為漫天雲濤

一九七七、三、二五　寫于台北

蓮塘夢境

在這盛夏
水蓮像一首詩
澹泊
寧靜
搖曳在雨後的清涼裡
而且整日擎著
蔥翠欲滴的遮陽傘
釀成一池綠意深濃醉人的酒
於是乃構成
一片朦朧的渾然
分不出何處是蓮之葉
何處是水之波
只有那滾動如珠的冷露

在吐著光芒
輝映那被蜂蝶剝開的
蓮之蓓蕾能從這萬綠叢中
展示她嫣紅與典雅
亮麗而端莊的高貴風采
當我正凝神注視　誰知一隻躲在
荷莖下的青蛙
為捕捉前來點水的蜻蜓
躍身自半空嘎然而下　乃激起
浪花四濺　卻把
這裡風景烘托得更美

一九七七、五、一八　寫于台北

飄忽著的意象

讓凝眸把
雲海的羊群趕到藍空放逐
然後看牠們從
青青的草原上漫步
以悠悠……

當晌午過後
我找個位子安置自己
探索一些
不同的生命之交會
與其彼此從屬關係的過程中
期盼被框進
窗口的都是美感

相信　想尋找的終必會出現
相信　想擁有的終必會來臨

那夢幻的是雲之飄
那顫動的是蟬之嘶
那朦朧的是柳絲之縈迴
那翻風的是鷺鷥之掠影

經過了一陣渾然
清醒的選擇
甲或乙　或丙　每一種接觸
這超越一切的
形而上或形而下的交替
以及語言的或宗教的感應這
不能兌現的模糊
使窗外藍空的大草原

瞬即被感染得
有了些微醉乃燃起
滿山那如花的金秋之楓火
在夕陽下
挽著林梢閃爍

一九七七、九、一二　寫于台北

山，這種在藍天上的樹

萬丈紅塵滾滾
誰能掙脫即令是一抹
彩虹的誘惑
多少聰敏的愚蠢
卻一頭栽進那閃爍著詭異迷思
醜陋之美
與清濁莫辨的
漩流裡

然而
滾滾紅塵萬丈
只有山這
聳入雲嵐的隱者

種在海的藍天上的樹
大地的神雕
吐納著日月星辰的
這曠世的哲人
獨冷眼旁觀而弗為之動
默默地
在那兒潛笑

勿須問
其所笑之所以
當你攀登頂峰駐足於
哲學家的肩膀上
看天下滔滔　自會從陷溺中
撥開眼前雲霧
找回你另一個自我

一九七七、一一、九　寫于台北

臘梅開了

用冷擁抱著自己
擁抱著風霜
終於你以天下第一枝昂然的姿態
出現在那片被
冷卻的銀色世界裡
但此時
你卻讓金絲雀
啄開那點點嫣紅而在
向陽的那扇
窗口外展出一幅
花鳥

一九七七、一二、八　寫于台北

雲飛處

中期的作品
創作的時間

卷之四
一九七八——一九八一

阿里山神木

如果說阿里山
是太平洋上的一座擎天支柱
而你則應為
這島的不朽聖哲

你站在海拔
兩千六百公尺太虛中
每以醒世
之愛的關懷向
芸芸眾生佈道時　總是
飄起成串的
音符之片片雲霞
呼喚那已淪為社會的邊緣人

趁暴風雨尚未
來臨前　趕快踏上
歸途

清晨你把
熹微從海上捧起
晌午你默默地藉著禪定而沉思
傍晚你卻隨暮色隱退

就這樣　你這位不朽的
聖之哲者　終年趕著羊群漫步於
藍空的大草原
看白雲蒼狗的流變

一九七八、二、九　寫于台灣阿里山客次

日月潭畔的向日葵

不知為何如斯疏忽
啊上帝　你竟把這麼多金項鍊
遺失在日月潭畔
這不太顯眼的苗圃裡
正以龍鱗般的圓形之圖騰
緊緊擁抱
璀璨陽光旋轉

上午則向東
下午則向西
隨著日晷儀的移動
默默劃出一條
長達一百八十度的拋弧線

獻給過客們欣賞
比泰國那金碧輝煌的
廟宇
還要壯麗

來這島上越三十年
當我發現這富有鄉土情懷的景物
它已經塑造了
一幅怎麼也抹不掉的
大地風景的浮雕
使我覺得少看一眼便會
留下遺憾

一九七八、五、一八　寫于臺灣日月潭客次

秋之句點

九月的黃昏如醉
染紅了滿山被搖響的丹楓
在蝶影中
其聲總是蕭蕭

或許這就是秋的
最後句點吧
而我連忙把寂寞鎖在心靈深處
不知蕭索的風
能否以蒼涼殘燼為我
滌去胸中塵慮
可是不曾經意

卻走進如煙的往事裡
從遠方那
迷濛的霧徑上
掠過莽原白了頭的
蘆葦之一種
似雪如霧的茫然
踩一路自地獄中走出來的
流浪歲月
然後猛一轉身
則又走回童年走回
到打穀場中
玩起了放風箏的
遊戲

鄉愁是如斯凝重
候鳥的投影
拉成了一抹潑墨長卷

斯時我只有
面對這九月黃昏苦笑
諦聽滿山那已
被金風搖響的楓火
訴説蕭蕭

一九七八、九、一六　寫于台北

黑色的詭異驚恐

當暮靄一口吞下昏黃的大地
茫茫蒼宇驟然被覆蓋在
一片黑色的世界裡　海上沒有漁火
夜空也見不到一絲絲星芒
只有自遠方傳來轟隆的滾動聲
爆出那可怕的詭異驚恐

尤其是一個垂死在
空谷寒崖飛石流泉的憔悴額頭
也以怒吼響應江河嗚咽
難道上帝真的想用這顫動的手臂
自西太平洋的峽谷中
把這島國的歷史就此斬斷

這時的夜　像一頭
龐大無比怪獸　自那浩浩乎
深不可測的海底浮出來
張牙舞爪　兇猛地掀起了一波波
排空的巨浪狂潮
恍若末日來臨之尖叫

如果說藏在這背後的
是悲情歲月的激流一種吶喊
或一場生死與善惡搏鬥
而那些被殺掉的人依然還活著
似不應把他們以及被
釋放出來的冤魂一起滅絕
於是在我心靈的深處
那已被吟哦得稀爛的還鄉夢

正如同難忘的童年一樣
在今夜這黑色的驚恐中依然存在
依然會徜徉於
神州那十萬里平疇

一九七八、一〇、一七　寫于台北

一朵石之奇葩

這黑色的誘惑
最具有潛在的神秘感
一個生長於
礦區的美麗姑娘

且以黑黝膚色
樸實無華
經過爛漫十八變
終於在藝術的殿堂裡
展出她
誘人的丰采

只要你一注目

就會從她那黑色的誘惑中
開張了無數隻
閃爍亮麗的小眼睛
蔚為珍品

不管你與她握手對視
或以擁抱而熱吻
她總是揮灑著讓你有拾不完
璀璨的光彩

有時價值「連城」
但必須以「歸趙」的故事襯托
若問此為何物
這只能說她是石之中
一朵奇葩

一九七八、一二、九　寫于台北

玉山蒼鷹

種夢於雲海
狩獵在群巒峭壁之間
兩顆凝眸
炯炯如雷射之光子
凡視野之所及
連一隻跳動的痲雀都在
牠監控之下
而騰空
則以盤旋之術
征服眾禽族之部落
即令折翼也

不願躺下來喘息
因為那有損於勇者的
形象

翱翔
是牠羽化神采
無根掠影
乃為其飄浮的靈魂

儘管山中風雨
有時會吹落牠的英雄夢
然而　牠卻依然
聳立於那插入太虛的
岩石之上
等待再度展翅

一九七九、二、七　寫于台北

太荒誕了吧

以狂妄加
自私擯著頭看人的
拼湊的嘴臉
定是來自《錢淹沒了腳目》
那位暴發户者

而且大聲的
吼叫著
只要我喜歡有什麼不可以
如斯這班
還説孩子們叛逆
太荒誕了吧

一些真正
付出心力默默耕耘的
卻有人
把他們看成
只會說風涼話的
書呆子

一九七九、三、二二　寫于台北

以詩塑造風骨

歲月是無形的殺手
眼看那排隊在我面前的人
一個個都
相繼的倒下去

為什麼這世界竟
如是殘酷呢
當我每次自夢境中漂泊了一夜歸來
便會問幻滅的昨日
可曾為我留下幾滴泡沫

若時光能倒流
先渡黃昏再看黎明

走回到童年
之後　跨一步走回到那滾雪球
追野兔子的情景
或與玩伴把風箏掛在
藍天上比高

要不就是讓
天真牽著手在冰河上飛舞
那感覺是
多麼的踏實啊

誠然　人生的夢
正如星海裡一顆殞石一樣
稍縱即逝
只有粉身碎骨
才能換來瞬間異彩

管那麼多呢
在我還沒有倒下去之前
仍將擁抱
能感覺到的美
以寫詩塑造自我的
風骨

一九七九、五、一二 寫于台北

今之杞人

浩浩乎的江水
在啜泣著
大氣的臭氧層已被
製造的垃圾塗抹得灰頭土臉
甚至爛了個
像天窗的大窟窿

難道人類真的
麻木了嗎
真的只為一己之私的貪婪
縱容其瘋狂

儘管科學家們

都發出生態死亡的吶喊
但上帝卻視若無睹
卻依然任文明墮落的骯髒
蔓延與破壞
末日則只在燈火
闌珊處

雖然有時
早起的太陽透過窗扉
投之以微笑
且說蔥翠的綠意
不是爬滿了你家庭院圍籬了嗎
為何要自困於
那無法預知的恐怖

然而我總是想著
上蒼該降下一場淚雨

讓世人在雨中
流著淚省思而唱淚之歌
而以淚洗盡
心靈中所有污濁

一九七九、七、一八　寫于台北

東京夜宴

凡走過的天空皆美
只有來此的感觸是醜陋的
儘管那滿眼繽紛
在市街河床兩岸閃爍

當東京池袋的夜
自海上昇起
那聳入碧漢名之曰
《陽光》摩天大廈的疊嶂
每一扇瞳孔的
窗口驀然透明如雪

哦　我恍若看到

三月的櫻花
在這高處不勝寒的
枝頭點火

所以我總覺得
寒意凝重
用乾杯揭開宴飲序幕
浪漫當與酒共舞
於是從《漢唐盛世》
飲到《日本無條件投降》
至一切
盡歸闌珊處

之後　我
舉起杯一飲而盡
讓豪情爆發
只想把那個紅紅的太陽

自東方的
扶桑樹上縱身
摘下

後記：一九七九年九月，我第一次出國旅遊，沿途與友人談笑風生，至感愉快。但到了日本，因存有憎恨，感觸良多。夜宿東京池袋《陽光大飯店》，樓高六十層，為此間聳入碧漢的一座摩天大廈，其巔有《梅園勝境》，典雅而富有中國風。此對我而言，似有著《高處不勝寒》的意味。

一九七九、九、一五　寫于日本東京

茅屋茶

從未品嚐過
什麼叫作《茅屋茶》
好奇的我
卻泡了一個下午

不要視之以怪誕
她只是姑隱其名於茅屋的茶之軒
一個別出心裁
另一種經營方式作為
招徠的噱頭

而且在現代的大都會裡
也是刻意凸顯這不太協調的特色

用不著濃粧豔抹
最原始的文化也最為奢侈
莫驚訝於這
古樸與典雅的美
蒞止時你便會看到那
陳設的藝術品
無非是來自田園的
點點滴滴

窗外那竿
凌風瀟灑的翠竹
看來更富有
洗盡空靈潛在意味
而一壺裝滿人生的露華春
可將過往雲煙
從頭數　童年最美

當我抵著嘴
一口飲盡了三十年的憂患
有人在輕輕問
「要不要嚐嚐看　脆
而且可口」（於是卻送來一盤
甜甜的點心）

單憑這一點
就夠了
那麼你還需要些什麼
需要些什麼呢

一九八〇、二、一八　寫于台北

山海情緣

巍峨的山
聳立於一片綠色的海洋裡
仰之則彌高
好一幅仁者的風範

浩瀚的海
飄搖在那藍藍藍藍的藍空
一旦騷動起來
卻如陣痛產婦呼喊

世界上不知有多少
畫家在畫山　多少詩人在吟海
他們都已經

被埋葬在山海裡

也有人把山看成樹
一棵棵種植在海的藍天上
可是這景觀
只有鳥瞰才最美

人站著就是一座山
但咆哮時則又幻為滾動的海
而我卻只在這
山與海之間追逐日影

一九八〇、三、二九　寫于台北

死亡遊戲飆車族

不知是什麼魅力
吸引著一群又一群的飆車族轟然而來
在午夜那黯淡的月光下
玩起死亡遊戲

也許 以為這樣
才夠刺激 才能滿足自我的痲醉感
即令是瞬間呼嘯而過
至少留下了一路震懾的霹靂

那最不可思議的是
飆車跑道兩側盡是萬頭鑽動的人潮
他們站在那裡只是

為了喊吶　鼓噪而瘋狂
於是　讓那些賭命的飆車騎士
燃起了衝動的慾之火
使他們像雲一般的飄逸　風一樣的瀟灑
自由而又自在的奔馳著

就這樣　經常嘯聚於
午夜過後　盲目的追求著浩浩乎
如憑虛御風而不知所止
追求著遺世獨立而夢想羽化

可是　卻不知為什麼
祇能停在起跑線上等待別人發號施令
卻不知為什麼　祇能把
飄然的凝眸被劃在固定的終點

一個真正的飆車客
在奔馳時是享有御風而行的逍遙樂趣
那種英姿煥發的飛揚神采
無異於玉樹凌空星垂平野的境界

宇宙是那麼的廣闊　明天
將有更多的表演空間
當你發現已淪為鬥雞賽馬賭博工具時
應放緩速度而臨風涕泣

一九八〇、七、九　寫于台北

風城之夜

黃昏過後
窗外有如霧的塵沙
飄落　以雨之
淅瀝　敲擊簷前石階鏗鏘然成曲
　滿有幾分韻味的呀

然而當海風吹來
則一變竟成波神的號嘯
自那漆黑的
山腳下掠過荒涼莽野
乃一縱身　跳上庭院枝頭
緊抱著不放
糾纏了好久好久才

撒手呼嘯而去
嚇得一城燈火驚魂不定
恍若流逝於西太平洋上的星星
　忽載浮……
　忽載沉……

夜　在風中旋轉
而風則捲起
浩浩乎排空的巨浪　狂濤
一波接著一波
莫非想吞盡天上的
雲和月

後記：《風城》，為臺灣新竹之別稱，因其風多而得名。日前偕
友人遊其境內之獅頭山，夜宿《風城酒店》，乃成此作。

一九八〇、九、九　寫于臺灣新竹

這兒不是杭州

儘管這兒的西風
也瘦了幾許
但她釀造的景色卻依然
還是台北西湖

或許鄉愁凝重
今之午后
總有些失落的茫然　默默地
凝視著
西斜的陽光
擁吻滿湖的瀲灩
閃爍

因為這兒　既無
「薰風吹得遊人醉」的
慵懶之初夏
更無「淡妝濃抹總相宜」的
西子姑娘
只有靜與夢在
糾纏著無奈的空虛

偶爾有幾隻鷺鷥
自天外飛來
以她那閃亮銀色的羽翼
雪的潔白
浸沉於湖心裡
發出一道道清冷的
寒芒

有時俯瞰

窗外那兩排聳立著的
相對的樓宇
恍若是層巒疊嶂
深邃之深邃的峭壁峽谷
那起落的噴泉
乃是來自遠方的濤聲
在講述一些
過往雲煙的故事

於是我一轉身
竟跌落在鄉思的泥淖裡
沿著來時路
一路走回到童年
最有趣的是捲起褲管
走入蓮塘
踩出藕的滿足

之後　當月上柳梢頭
我看到湖上那點點如歸舟的水鴨
自暮色蒼茫中
匆匆駛向綠蔭深處

一九八〇、一〇、一二　寫于台北西湖園

一隻沒有自由的鳥

藉著風與線的操作
讓這彩繪的浮雕翱翔於天上
乃扮演一次
太空漫步的憧憬

俯視如帶的淡水河
可流映大屯山雨後青青的投影
卻流不盡這
島的四百年悲歌

誰使我流浪
悠悠地
恍若一朵被風捲起的雲霞

在茫茫天際浮遊
每欲展翅
但不知怎樣才能掙脫
那條牽引線
成了我一個死結
可是在此刻
我只是一隻沒有自由的鳥
任憑他人
牽著鼻子飄搖

一九八一、三、九　寫于台北

亂象

像是把野火
在一個墮落了的社會莽林中
燃燒著　尤其是在
午夜的下風處　連星芒
都會燃燒了起來

那已被燒焦的
且又充滿著濃重煙硝味
一些非理性的暴力
間或出現在電視的螢光幕上
幾使我不敢相信
這是台北的街頭景象

而警察竟視若無睹
隔岸作壁上觀
真的比東方夜譚或山中傳奇
還要荒誕

從外來的威脅
到內在生存的恐懼
磐石被震顫
信心亮起了紅燈
當這些壓力得不到紓緩
卻又無奈
只有期盼一位
敢於奔赴刀俎邊緣的佛陀
大聲對落日
喊出刑前的呼救
於是我以淚涉過

排空的濁浪
祈禱上蒼及早降下一場春雨
洗盡夜的腐爛
然後讓它回流到那
乾涸的眼眶之濱角等待
等待讀書人
鞭打自己的風骨
去喚醒夜空
所有被淹沒死去的星星
在憔悴的
月光額頭復活

一九八一、五、九　寫于台北

台北的天空

台北的天空
總是瀰漫著如霧的迷濛
如霧的淹沒了
每一扇凝眸的窗口

巍峨的阿里山
被埋葬在雲霾深處
浴血的太陽
昇起了一張蒼白的臉
那吟唱著福爾摩莎滄桑史的
淡水河啊
卻溢出腐臭味
竟夜擁抱痛苦噓唏

於是　乃把這
島之國塗成了一個
模糊的世界
在濁浪排空的橫流裡
　掙扎……
　　飄搖……

當海風捲起
雲霞掠過中央山脈
灑下落英片片
啊啊　那倒影水底的
朦朧閃爍　究不知是瑤臺
抑或黑潮

一九八一、七、一三　寫于台北

儘管這裡也是中國

只因缺少一把
植根泥土
故一直患有一種
無法癒合的疏離症　不時煎熬在
我心靈的深處
儘管這裡也是中國

走過近半個世紀
風雨歲月
我依然是飄浮於茫茫蒼宇一片雲
只因缺少一把
植根泥土　而在天之涯
徘徊

踟躕

於是我
每把杯中酒飲成
故鄉的月色
從「黃河入海流」
飲到「孤帆遠影碧空盡」
依然惆悵滿懷

如果說
所有凋落的葉子
均將回到枝頭乃自然界
不變的定律
儘管這裡也是中國
我依然要
踏月乘風歸去

一九八一、九、一〇　寫于台北

雲飛處

當窗外的風景
從凝眸中驀然消逝
山披起煙嵐
茫茫如雪擁荒原萬徑人蹤滅的
一種可怕的孤寂
海上那浪捲的雲
像是我撕裂尚未寫完的
散落詩稿
隨風飄浮若夢
覆蓋了萬傾黃金谷
卻留下
我一肩鄉愁

那朵雲　乘風而去
那朵雲　好想擁有整個藍天
那朵雲　顯得有些慵懶
那朵雲　正停留在江岸準備飛渡

如斯漂泊
絕非風捲的偶然
斜陽外常有
劃弧的彩虹羽化為朵朵微笑
閃爍在—
她那灰白的髮叢間
懸於天際
流成一道涓絲
瀑布

有時　潛隱樓頭幻為月色

.205.

有時　顯影於藍空展出歷史長卷
有時　獨立以成峰
有時　散作群鷗而飛舞

可是那朵
乘風而去的雲
雖已拂去了淚的衣襟
卻拂不去我
心中那理還亂的
思緒

莫再依戀
雪洗的青山翠嶺
或耀眼金波
晚霞才是最美的色彩
回首風流成河
不知閱讀過多少季節交替飛花

為何秋未至
竟把秋末的落日
提前丟進冬之幽谷中
為暖身燃燒

就此跨越
萬丈斷崖孤絕吧
而浪的島嶼
早已成為拍岸濤聲中的泡影
待縱身
煽亮夕陽紅
讓滿山楓火化作
春泥夢土

一九八一、一二、六　寫于台北

附錄一

現代詩的社會功能

——兼談《死亡遊戲飆車族》

周伯乃

任何文學都有其社會性，但未必都具有社會功能，如出現在歐戰以後的達達派的詩，未來派的小說，以及一些專為展示個人心境的「純詩」（*Pure Poetry*），等等。依據達達派詩人當年提出的宣言，是：「達達的意思，就是無所謂……我們需要的作品是勇往直前，永不回頭。勇敢、切實，且永遠不能懂的。」又說：「邏輯只是糾紛，邏輯永遠是錯的……我們所視為神聖的，是非人的動作覺醒。」他們所追求的只是一種原始的概念，他們反對一切邏輯和已經形成的所謂現存觀念。而梵樂布、馬拉梅等人所追求的「純詩」的意思，「是不必顧及題目，祇是自覺地和特意地創造一種文字的音樂調子，這種調子是能給人以快感的。」法國神父布雷蒙（*Abbe Henri Bremond*），有一次在法蘭西學院裏演講時，亦講到「純詩」的問題，他認為「純詩」是「在很諧和的心靈中會產生一種境界。這種境界是相同於靜寂而玄秘的沉思的境界，靜寂而玄祕的沉思乃是祈禱之最高形式。」

有些詩卻具有社會功能，而社會意識並不濃厚，這類詩是具有自覺性的社會效用。如原始社會中的妖詩、頌詩、祭祀詩，等等。這類詩具有驅妖、治病，和傳達生人與死者之間的訊息等效用。然而，這些詩到底具有多少社會性，是很難確切認定，它卻能達到某種社會性功能。

至於那些具有宣導作用的說理詩和闡述道德教訓的哲理詩，都含有濃厚的社會性和社會效用。在現代詩人的眼光來看，也許會認為這類詩缺乏藝術價值。這類詩的大部份題材和主題，也都是圍繞著社會道德、政治、宗教等功能所表現的詩。詩人們為了達到這些目的，有時不得不捨棄一些詩的純度，而遷就宣揚社會道德和政治立場，或宗教觀點。

無論是宣揚社會道德或宗教信仰，甚或某種政治立場，只要詩的本身具有詩的價值，或者說具有詩的質素，基本質素仍然是詩，而非道德教條，或政治宣言。相反的，如果只有教條或宣言的形式，縱使排列成詩，亦只能算它是具社會性功能的道德教條，或政治宣言而已。

最近在中央日報副刊讀到潘皓先生的《死亡遊戲飆車族》，全詩分為八段三十二行，是以目前台灣社會上所流行的飆車風氣作為表現主題，隱含著濃厚的社會性和新聞性的詩。早年出現在美國後期現代派詩人，曾經以抓住現實的題材，忠實而嚴謹地揭示社會的現實問題，如同新聞從業人員報導新聞一樣，忠實於現實事件，而不誇張虛報，成為社會性的新聞詩。潘皓先生這首詩，就是具有社會性的新聞詩。全詩充滿著死亡的恐怖，和對飆車族的哀悼情懷。

不知是什麼魔力，吸引著這一群的飆車族摸黑玩命，這是詩人的悲天憫人的情懷，對玩著死亡遊戲的飆車族的感懷。繼而，詩人想替他們找尋答案，他說：「也許，以為這樣才夠刺激，也才能用來滿足自我麻醉的快感。那怕是瞬間的呼嘯而過，至少也留下一路霹靂。」

現代人最大的困境，是在物質文明壟斷下的長期精神虛脫，因而，顯得焦慮、急燥，和隨時都可能迸發出一種不能抑制的激動情緒。現代人為了紓解這種焦慮、急燥的情緒，往往會採取各種不同的方法或手段去達到目的。如縱慾、酗酒、豪賭……等等。

飆車是否具有紓解人類緊張或焦慮情緒的作用，這是心理學家和精神分析家的課題。但我們至少可以肯定，飆車的確含有賭命和個人英雄主義的表現慾，這不是滿足自我麻醉的快感，而是滿足自我展示的曝露狂。

第三段寫的是群眾心理，詩人以常態的社會心理去看飆車，所以，才會覺得是不可思議。

那最不可思議的
飆車跑道兩側盡是萬頭鑽動人潮
他們站在那裡只是

為了吶喊　鼓噪而瘋狂

鼓噪、吶喊正是群眾意識的沸騰，也是現代人發洩內心苦悶的一種手段。從人性的立場來看那些圍觀者的心態，只是隔山觀火，事不關己的心態。於是，他們的鼓噪、吶喊、瘋狂，都是出於現代人的冷漠心理。盧梭在「社會契約論」中說：「人性的首要法則就是要維護自身的生存，人性的首要關懷就是對於自身的關懷。」

第四、五兩段，是詩人對飆車騎士的心理素描，認為他們只是一時的衝動、好奇，想像「能像雲一般的飄逸、風一般的瀟灑」，可以自由自在凌雲而馳，飛躍於空曠的大地，甚至想到「遺世獨立而夢想羽化」。「羽化」在這裏用得非常的奧妙，不但有形象化的意境，就是詩本身的意象也很鮮麗靈巧。

第六段，作者以詢問的口氣，追問那些飆車騎士，問他為什麼「祇能在起跑線上等待著別人發號施令？」為什麼「祇能把眼光注視於被劃定的終點」上。這種追問，多少含有嘲弄和責備的意味。於是，在第七、八段裏，詩人以一個長者的口氣，告訴他們：

一個真正的飆車客
在奔馳時是享有御風而行的逍遙樂趣
他那種英姿煥發的飛揚神采
無異於玉樹凌空星垂平野的境界

宇宙是那麼廣闊　明天
將有更多表演空間
當你發現已淪為鬥雞賽馬賭博工具時
應該放緩速度而臨風涕泣

對社會的關懷，對人類的關愛，是詩人的本性。任何一個優秀的詩人，無論他是不是一個偉大的詩人，都應該賦于人類的關愛和對社會的關懷。歷來的文學評論家都認定文學是反映社會、反映人生。這話似乎有點曖昧。若是以詩人本身就是社會的成員，而又以其所熟悉的時代、環境，和歷史來看，他不可能完全與這些關係隔絕，而不表現他的經驗，和人生觀。當他在作品中圓滿地表現了他的經驗，或隱含著某種人生觀時，那部作品已完遂了反映社會，或反應人生的功能。孔穎達說：「夫詩者，論功頌德之效歌，止僻防邪之訓，雖無為而自發，乃有益於生靈」。這正說明，詩是有益於人生，有益於社會的，無論是歌功頌德，或止僻防邪，都具有濃厚的社會功能，人生效益。

這首《死亡遊戲飆車族》，是反映社會，且帶有嘲弄意味的批判性的詩。作者透過新聞的報導和對現實社會的體認，再經過他個人的沉思和反省，洞察人性的賭與貪的弱點，乃力圖尋找出改革社會風氣，進而企圖肯定人生的意義與價值。這就是他詩中所表現的，一個真正飆車客，應該放眼天下，宇宙是如此的廣闊，為什麼要被侷限於那一段短短的行程，為什麼只把眼光注視於那一點被劃定的終點。人生應該有更大的空間，讓他表演。

詩人以悲天憫人的情懷，規勸那些飆車者：「當你發現自己淪為鬥雞賽馬場上的賭博工具時，應該放緩速度，臨風涕泣。」

詩人以鬥雞、賽馬比喻那些飆車客，是隱含著諷刺的意味。因為鬥雞和賽馬都是以動物為賭博的工具，而飆車是以人為賭博的工具。這種比喻，固然有點近似揶揄。但飆車客的瘋狂與野蠻行為，實已遠超過獸類。

近十數年來，現代詩有一個最明顯的取向，就是愈來愈深入於現實社會的表現，愈來愈明朗，不再以鋪張意象，運用隱喻或象徵為表式。潘皓先生這首詩，無疑的，是以反映社會現實生活為主旨的現代詩。他不用晦澀的隱喻，而用明朗的比喻。在力求確切反映現實生活的方式上，這種表現手法，又何嘗不是現代詩人應有的一種文學方式。鄭愁予、席慕容、林泠等人的現代詩，能膾炙人口、傳誦遐邇，就是因為明朗易懂，沒有晦澀的暗喻，或苦澀的象徵，亦沒有超現實主義的那種玄秘與奧境。

一九八六年十月十八日於台北

附錄二

浮雲意，落葉情

——讀《儘管這裡也是中國》有感

文曉村

春節假期，年初三夜，關掉熱鬧喧嘩的電視節目，獨坐書房，讀詩自娛。讀至詩人潘皓兄的《儘管這裡也是中國》，原來的自娛，驟然變調而為一聲長長的喟歎！何以如此？請先閱讀儘管這裡也是中國這首詩的原文：

只因缺少一把
植根泥土
故一直患有一種
無法癒合的疏離症　煎熬在
我心靈的深處
儘管這裡也是中國

走過近半個世紀
風雨歲月
我依然是飄泊於茫茫蒼宇一片雲
只因缺少一把
植根泥土　而在天之涯
徘徊
踟躕

於是我
每把杯中酒飲成
故鄉月色
從「黃河入海流」
飲到「孤帆遠影碧空盡」
依然惆悵滿懷

如果說

所有凋落的葉子
均將回到枝頭乃自然界
不變的定律
儘管這裡也是中國
我依然要
踏月乘風歸去

作者一開始就說，「只因缺少一把植根泥土／故一直患有一種無法癒合的疏離症」，而且一直在心靈深處，忍受著痛苦煎熬。最後，又加上一句：「儘管這裡也是中國」，給人一種沉重的無奈感。顯然，作者是把自己自喻為一種需要泥土植根的植物，但在感覺上又不是這樣。

到第二段，作者又有了新的自喻：「走過近半個世紀風雨歲月／我依然是飄泊於茫茫蒼宇的一片雲」。因為是浮雲，浮雲本無根，只能在天涯「徘徊」，「踟躕」。

讀到「浮雲」這個意象，不能不使人想到李白的「浮雲遊子意，落日故人情。」遊子如浮雲，也許正是本詩第二段意象的出處。

由浮雲，讓我聯想到齊梁隱逸詩人陶宏景答齊高帝那首《詔問山中何所有賦詩答》的詩：「山中何所有，嶺上多白雲：只可自怡悅，不堪持贈君。」和明代詩人謝徽的《臥雲室》：「朝臥白雲東，暮臥白雲西；白雲長共我，此地結幽棲。」，以及元朝詩人張昱《題青山白雲》的六言詩：「一個茅廬何處？小橋古木溪灣。但見山青雲白，不知天上人間。」是何等的逍遙不羈，自由自在！

當然，這些都是過去，古人有他們的環境，可以自由逍遙。今天，我們的時代不同，環境有異。所以，作者在第三段，便表現出滿懷惆悵的憂愁說：「我在這島上／每把杯中酒飲成故鄉的月色／從『黃河入海流』／飲到『孤帆遠影碧空盡』。」

以酒澆愁，是中國文人慣有的心態。陶淵明《飲酒詩》，一寫就是二十首。其中第五首：「結廬在人境，而無車馬喧，問君何能爾？心遠地自偏。採菊東籬下，悠然見南山。」這種陶然忘懷的心境，不知羨煞了多少讀書人。

李白則否，他雖然在《將進酒》中，暢言「人生得意須盡歡，莫使金樽空對月！」「烹羊宰牛且為樂，會須一飲三百杯。」「古來聖賢皆寂寞，唯有飲者留其名。」誠然是豪爽自引。但有時仍然免不了「抽刀斷水水更流，舉杯澆愁愁更愁。」

詩人潘皓又如何呢？只能把「杯中酒飲成故鄉的月色」而已。故鄉的月色又如何呢？大概也是杜甫〈月夜憶舍弟〉，那種「露從今夜白，月是故鄉明。」的情懷吧。至於「從『黃河入海流』，飲到『孤帆遠影碧空盡』。」這種以黃河長江滔滔萬里，借喻憂愁，又十分誇張的筆法，幾有李白「白髮三千丈，緣愁似個長。」的味道。

第四段，以「如果說所有凋落的葉子／均將回到枝頭乃自然界不變的定律」，回應第一段首句：「只因缺少一把植根泥土」，所以「儘管這裡也是中國」，作者「依然要踏月乘風／歸去」。至此，作者以落葉歸根，重生枝頭，或化做春泥猶護花的心情，乃躍然紙上，道出了主題。

最後，對於本詩首尾兩度出現的，「儘管這裡也是中國」這句話，也是頗堪玩味的。所謂「這裡」，指的當然是此時此地的台灣。而台灣本來就是中國的一個島，一個省，何以要說成「也是」呢？是否在暗示，作者對於台灣當前某些「非中國」的異化現象，感到失望，甚至深感憂慮呢？我這樣想。

綜觀全詩，似可以遊子如浮雲，落葉欲生根；泥土無處覓，唯有踏月乘風歸去作結。可惜，踏月乘風歸去的，只是詩人的靈魂或精神而已。

筆者年前，給詩友的賀歲詩，《夢回杜樓》的最後一段，也有這樣的幾句：

落葉思歸根
天地何不仁
千年之後
萬里歸來的遊子
竟然只是一隻
夢中奮飛的沙鷗

和潘皓兄落葉思歸而無植根泥土，只能「踏月乘風歸去」，卻又未必能歸的無奈，正是我們這一代的悲哀。作為詩人，如何終結，或至少可以稍稍減輕這種無奈的悲哀，恐怕也只有詩歌文學吧。

一九九九年二月二十三日於台北

國家圖書館出版品預行編目資料

雲飛處 / 潘皓著. -- 初版. -- 臺北市：文史哲,
民 89
面； 公分
ISBN 957-549-286-2 (平裝)

851486 89005103

雲 飛 處

著　　者：潘　　皓
出 版 者：文史哲出版社
登記證字號：行政院新聞局版臺業字五三三七號
發 行 人：彭　正　雄
發 行 所：文史哲出版社
印 刷 者：文史哲出版社
臺北市羅斯福路一段七十二巷四號
郵政劃撥帳號：一六一八〇一七五
電話 886-2-23511028・傳眞 886-2-23965656

實價新臺幣二六〇元

中華民國八十九年五月初版

ISBN 957-549-286-2